Nick Skillicorn - Improvides

30 DAYS OF CREATIVITY TRAINING

150 exercises to enhance your Creativity in one month

Nick Skillicorn
Founder of Improvides

Copyright © 2013 Nicholas Skillicorn

All rights reserved.

ISBN: 1492337846

ISBN-13: 978-1492337843

Contents

Welcome from the author v

About Improvides vi

Instructions vii

    Day 1: with examples 2

    Day 2 2

    Day 3 4

    Day 4 6

    Day 5 8

    Day 6 10

    Day 7 12

    Day 8 14

    Day 9 16

    Day 10 18

    Day 11 20

    Day 12 22

    Day 13 24

    Day 14 26

    Day 15 28

    Day 16 30

    Day 17 32

    Day 18 34

    Day 19 36

    Day 20 38

    Day 21 40

    Day 22 42

    Day 23 44

    Day 24 46

    Day 25 48

    Day 26 50

    Day 27 52

    Day 28 54

    Day 29 56

    Day 30 58

    Day 31 60

Welcome from the author

I want to start by thanking you for getting this book. It shows we have a common interest in improving your ability to generate ideas.

Recent research has shown that thanks to the brain's ability to change its structure by developing new neural connections (known as its Neuroplasticity), ongoing mental exercises[1] can result in long-term gains to cognitive flexibility, enabling you to generate new ideas faster and more easily[2].

I strongly believe that everyone should have the tools to stimulate and train their mind every day. So at Improvides we provide Creativity Training exercises, spread out through every single day.

This book contains over 150 creativity exercises, 5 each day for a month. Make them part of your daily ritual and you will soon see an improvement in your ability to visualise solutions to problems as well as generate a higher number of more varied and original ideas than before.

I hope that you enjoy working through this book as much as I did producing it. Please let us know how you got along in our forum, or by dropping me a line at social@improvides.com

Cheers,

Nick Skillicorn
CEO & Founder – Improvides | www.improvides.com

---

[1] http://www.ncbi.nlm.nih.gov/pmc/articles/PMC3675670/
[2] http://www.wired.co.uk/news/archive/2013-08-22/starcraft-cognitive-abilities

About Improvides

Improvides aims to be the world's most trusted advisor and coach for getting people and teams to generate and implement diverse, valuable and innovative ideas.

Our proprietary methodology is based on the **TOP 3 Dimensions of Innovation**, gauging your current capabilities across:

- Your **teams**' abilities to generate, evaluate and execute ideas
- The support your **organisation** gives to innovation
- The creative ability of your **people**

Combining our own experience in improving people's creativity with the latest research on driving Innovation throughout companies, we can help you break through the barriers which are currently in your way of growth. Every piece of work we do is bespoke to your needs, based on your challenges, organisation, culture and team.

We are based in London (UK Company Registration 8488701) but available for work anywhere in the world. If you have any queries, please **Contact Us** at http://www.improvides.com/contact-us/

www.improvides.com

 www.facebook.com/improvides

 www.twitter.com/improvides

 www.linkedin.com/company/improvides

Instructions

1. For each day, there are 5 different types of exercises, each designed to use slightly different mental abilities. They are called:
    - Can You Hack It
    - Weird Combinations
    - Backronyms
    - Six by Six Degrees
    - Viddles
2. Do not read exercises in advance. For best training results, you should split them across your day, and do them in bunches of 2 or 3 exercises at a time.
3. Each exercise will consist of a short challenge requiring you to generate as many different and varied creative solutions as you can think of
4. Write all your ideas in the section below the challenge. If you run out of space, continue writing wherever you can (in the margins, on another piece of paper...)
5. Over time you may notice the number, originality and diversity of your ideas will be increasing as your creativity is enhanced
6. The 'Day 1' exercises pages include example solutions to help you understand
7. Suggested time limits and instructions for each exercise are below:

1. Can You Hack It

This exercise could pose you any random challenge, for which you should think of as many diverse solutions as you can, or set you an out of this world scenario, for which you should list how life on earth would be affected.

Time limit: 4 minutes

Creativity abilities trained: Speed / Visualisation / Association

Example: *"Fold a sheet of paper without touching it with your hands"*

2. Weird Combinations

You will be asked to create an example or name of something using some properties of two unrelated things / people.

Time limit: 5 minutes

Creative abilities trained: Wordplay / Content / Association

Example: *Famous Movie Names with Farmyard animals inserted*

3. Backronyms

You are given a subject and some random letters which are an unspecified Acronym for the subject (like NYC is "New York City"). Work backwards using the letters to figure out what the Acronym could stand for related to that subject.

Time limit: 2 minutes

Creative abilities trained: Content / Rule limitation / Wordplay

Example: TNU – Gym membership

4. Six by Six Degrees

You will be given two unrelated words, with five spaces for new different words to bridge the gap. Use a logical step to get from each word to the next, which could be similar uses, related objects, rhymes, look, whatever works for you. However, each new set of words may not use any you you have already written down.

Time limit: 2 minutes (six sets of answers in this time is excellent)

Creative abilities trained: Speed / Divergent & Convergent thinking / Rule limitations

Example: *Sunshine _ _ _ _ _ Chair*

5. Viddles

Meaning 'Visual riddles', you will be shown an image of random shapes. Determine as many different ideas of what these shapes could represent. Try using different perspectives, such as from above, from the side, from inside.

Time limit: 3 minutes

Creative abilities trained: Visualisation / Divergent & Convergent thinking / Rule limitations

Finally: A request to help us with our research on creativity

Improvides are researching how well people can generate ideas by testing them using a 15-minute, free online test. This information will help us better understand how creative the world's population is, and what sort of exercises and training help improve creativity.

If you would like to help us, please go to the website below, register your details and we will send you a link to the Idea Generation Assessment. Once we have collated everyone's results (which will take a while as it has to be done manually), we will send you a personalised report showing how well you did, and how you compared to the average of other people.

http://bit.ly/testyourcreativity

Thank you very much, we appreciate it.

Day 1: with examples

Can You Hack It

Fold a sheet of paper without touching it with your hands

use air pressure from a hose

use chopsticks

train a pet to do it

put an ad on the internet to pay someone else to do it

attach magnets to both sides of the paper

attach balloons to both side of paper with an obstacle in the middle

use your feet

use gloves

create a mini wormhole on the centre of the paper attracting the two ends

fold the table on which it is lying

put it on your abs while doing sit-ups

Weird Combinations

Famous Movie Names with Farmyard animals inserted

Goatsbusters

Cow to Lose a Guy in 10 Days

Fillydelphia

Duck, Where's my Car?

Backronyms

TNU – Gym membership

Totally New U

Thighs near Underarm

Thin 'n Ugly

Trendy Niche Upscale

Six by Six Degrees

Sunshine	- Summer	- Beach	- Sand	- Towel	- Deck	- **Chair**
Sunshine	- BBQ	- Friends	- Drink	- Bar	- Stool	- **Chair**
Sunshine	- Ice Cream	- Chocolate	- Mint	- Shampoo	- Hair	- **Chair**
Sunshine	- Darkness	- Night	- Cold	- Fire	- Armchair	- **Chair**
Sunshine	- Moonshine	- Space	- Astronaut	- Suit	- Office	- **Chair**
Sunshine	-	-	-	-	-	- **Chair**
Sunshine	-	-	-	-	-	- **Chair**
Sunshine	-	-	-	-	-	- **Chair**
Sunshine	-	-	-	-	-	- **Chair**
Sunshine	-	-	-	-	-	- **Chair**
Sunshine	-	-	-	-	-	- **Chair**

Viddles

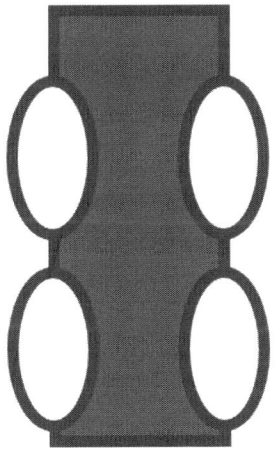

Four men having a meeting from above

A Koala climbing a tree

Close-up of an opened zipper

Underside of a roller-skate

Day 2

Can You Hack It
Ways to hold a book open while reading it upside down

Weird Combinations
Famous brand names with colours inserted

Backronyms
BTY - Explorer

Six by Six Degrees

Baby	-	-	-	-	-	-	Turtle
Baby	-	-	-	-	-	-	Turtle
Baby	-	-	-	-	-	-	Turtle
Baby	-	-	-	-	-	-	Turtle
Baby	-	-	-	-	-	-	Turtle
Baby	-	-	-	-	-	-	Turtle
Baby	-	-	-	-	-	-	Turtle
Baby	-	-	-	-	-	-	Turtle
Baby	-	-	-	-	-	-	Turtle
Baby	-	-	-	-	-	-	Turtle
Baby	-	-	-	-	-	-	Turtle

Viddles

Day 3

Can You Hack It
Test your pulse without using fingers

Weird Combinations
Famous pop song names with types of dog inserted

Backronyms
RWL - Science Teacher

Six by Six Degrees

Orange	-	___	-	___	-	___	-	___	-	___	-	**Carrot**
Orange	-	___	-	___	-	___	-	___	-	___	-	**Carrot**
Orange	-	___	-	___	-	___	-	___	-	___	-	**Carrot**
Orange	-	___	-	___	-	___	-	___	-	___	-	**Carrot**
Orange	-	___	-	___	-	___	-	___	-	___	-	**Carrot**
Orange	-	___	-	___	-	___	-	___	-	___	-	**Carrot**
Orange	-	___	-	___	-	___	-	___	-	___	-	**Carrot**
Orange	-	___	-	___	-	___	-	___	-	___	-	**Carrot**
Orange	-	___	-	___	-	___	-	___	-	___	-	**Carrot**
Orange	-	___	-	___	-	___	-	___	-	___	-	**Carrot**
Orange	-	___	-	___	-	___	-	___	-	___	-	**Carrot**

Viddles

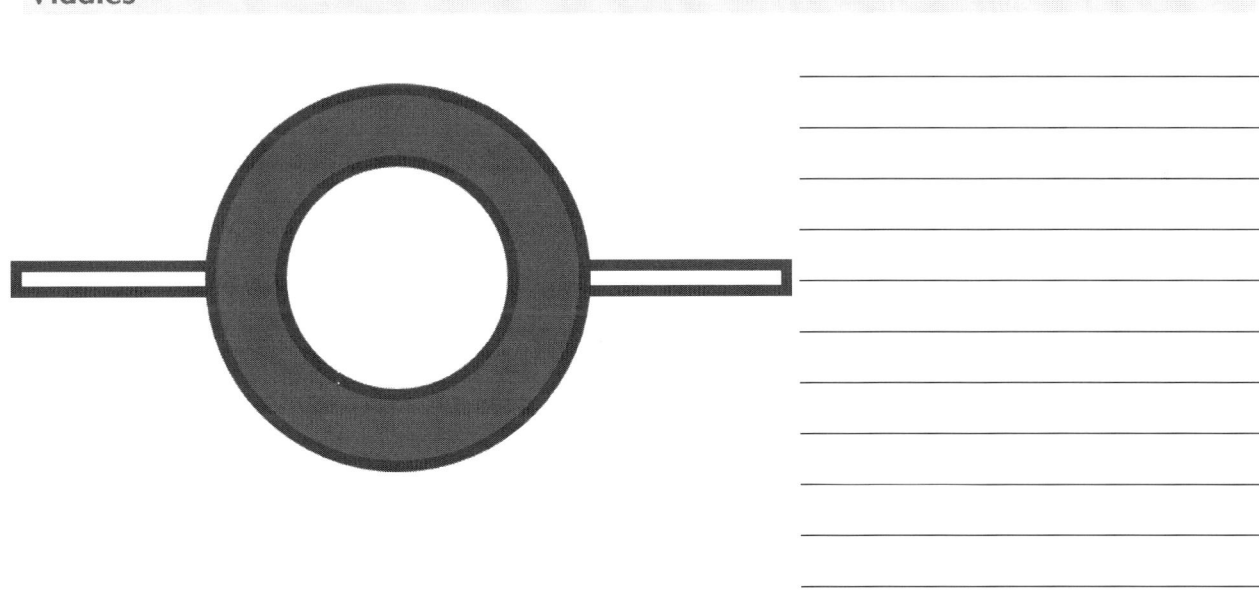

Day 4

Can You Hack It
Stop flies getting into an open bottle

Weird Combinations
New lyrics for Britney Spears song involving Christmas

Backronyms
UBA - Oil & Gas

Six by Six Degrees

Bear	-	-	-	-	-	-	Mask
Bear	-	-	-	-	-	-	Mask
Bear	-	-	-	-	-	-	Mask
Bear	-	-	-	-	-	-	Mask
Bear	-	-	-	-	-	-	Mask
Bear	-	-	-	-	-	-	Mask
Bear	-	-	-	-	-	-	Mask
Bear	-	-	-	-	-	-	Mask
Bear	-	-	-	-	-	-	Mask
Bear	-	-	-	-	-	-	Mask
Bear	-	-	-	-	-	-	Mask

Viddles

Day 5

Can You Hack It
Things you can power using 100 hamster wheels

Weird Combinations
Ice cream name using farmyard animal inserted

Backronyms
PAA - Priest

Six by Six Degrees

Fish	-	-	-	-	-	- School
Fish	-	-	-	-	-	- School
Fish	-	-	-	-	-	- School
Fish	-	-	-	-	-	- School
Fish	-	-	-	-	-	- School
Fish	-	-	-	-	-	- School
Fish	-	-	-	-	-	- School
Fish	-	-	-	-	-	- School
Fish	-	-	-	-	-	- School
Fish	-	-	-	-	-	- School
Fish	-	-	-	-	-	- School

Viddles

Day 6

Can You Hack It
How to paint a portrait of someone you can't see

Weird Combinations
Ways to flirt, using the brand names of snacks

Backronyms
JWT - Monkeys

Six by Six Degrees

Sugar	-	-	-	-	-	Moon
Sugar	-	-	-	-	-	Moon
Sugar	-	-	-	-	-	Moon
Sugar	-	-	-	-	-	Moon
Sugar	-	-	-	-	-	Moon
Sugar	-	-	-	-	-	Moon
Sugar	-	-	-	-	-	Moon
Sugar	-	-	-	-	-	Moon
Sugar	-	-	-	-	-	Moon
Sugar	-	-	-	-	-	Moon
Sugar	-	-	-	-	-	Moon

Viddles

Day 7

Can You Hack It
How to move an unconscious elephant 100 meters

Weird Combinations
Celebrity names with barbequing

Backronyms
MOG - Petrol Stations

Six by Six Degrees

Arrow	-	-	-	-	-	- Healthcare
Arrow	-	-	-	-	-	- Healthcare
Arrow	-	-	-	-	-	- Healthcare
Arrow	-	-	-	-	-	- Healthcare
Arrow	-	-	-	-	-	- Healthcare
Arrow	-	-	-	-	-	- Healthcare
Arrow	-	-	-	-	-	- Healthcare
Arrow	-	-	-	-	-	- Healthcare
Arrow	-	-	-	-	-	- Healthcare
Arrow	-	-	-	-	-	- Healthcare
Arrow	-	-	-	-	-	- Healthcare

Viddles

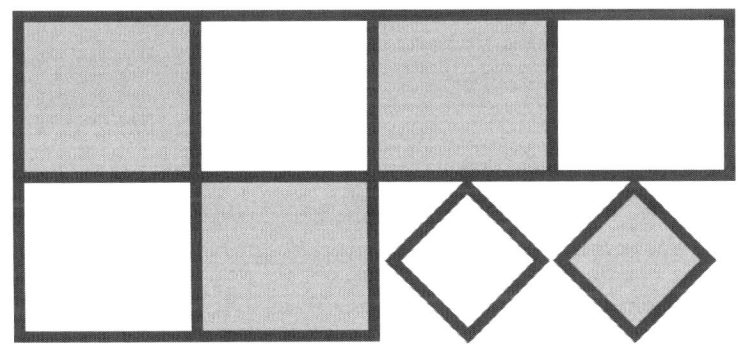

Day 8

Can You Hack It
How to wash a whale in under an hour

Weird Combinations
Countries with animal names inserted

Backronyms
BUY - Shopping

Six by Six Degrees

Migraine	-	_____	-	_____	-	_____	-	_____	-	_____	-	Bee
Migraine	-	_____	-	_____	-	_____	-	_____	-	_____	-	Bee
Migraine	-	_____	-	_____	-	_____	-	_____	-	_____	-	Bee
Migraine	-	_____	-	_____	-	_____	-	_____	-	_____	-	Bee
Migraine	-	_____	-	_____	-	_____	-	_____	-	_____	-	Bee
Migraine	-	_____	-	_____	-	_____	-	_____	-	_____	-	Bee
Migraine	-	_____	-	_____	-	_____	-	_____	-	_____	-	Bee
Migraine	-	_____	-	_____	-	_____	-	_____	-	_____	-	Bee
Migraine	-	_____	-	_____	-	_____	-	_____	-	_____	-	Bee
Migraine	-	_____	-	_____	-	_____	-	_____	-	_____	-	Bee
Migraine	-	_____	-	_____	-	_____	-	_____	-	_____	-	Bee

Viddles

Day 9

Can You Hack It
How to help someone with no arms up a mountain

Weird Combinations
Accounting activities that sound like a sexual innuendo

Backronyms
RTF - Fizzy Drinks

Six by Six Degrees

Ship	-	-	-	-	-	Torch
Ship	-	-	-	-	-	Torch
Ship	-	-	-	-	-	Torch
Ship	-	-	-	-	-	Torch
Ship	-	-	-	-	-	Torch
Ship	-	-	-	-	-	Torch
Ship	-	-	-	-	-	Torch
Ship	-	-	-	-	-	Torch
Ship	-	-	-	-	-	Torch
Ship	-	-	-	-	-	Torch
Ship	-	-	-	-	-	Torch

Viddles

Day 10

Can You Hack It
How to count the number of lights turned on in a skyscraper at night

Weird Combinations
Famous book titles with types of plants inserted

Backronyms
LHW - Polluted Beach

Six by Six Degrees

Pirate	-	-	-	-	-	- Spine
Pirate	-	-	-	-	-	- Spine
Pirate	-	-	-	-	-	- Spine
Pirate	-	-	-	-	-	- Spine
Pirate	-	-	-	-	-	- Spine
Pirate	-	-	-	-	-	- Spine
Pirate	-	-	-	-	-	- Spine
Pirate	-	-	-	-	-	- Spine
Pirate	-	-	-	-	-	- Spine
Pirate	-	-	-	-	-	- Spine
Pirate	-	-	-	-	-	- Spine

Viddles

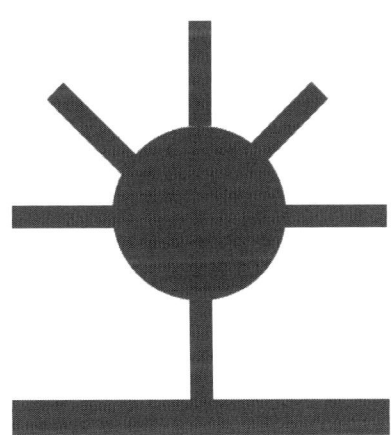

Day 11

Can You Hack It
Unique ways to crush a can

Weird Combinations
Fictional TV characters with names of alcohols inserted

Backronyms
OKD - Pigs

Six by Six Degrees

Monkey	-	_____	-	_____	-	_____	-	_____	-	_____	-	Tennis
Monkey	-	_____	-	_____	-	_____	-	_____	-	_____	-	Tennis
Monkey	-	_____	-	_____	-	_____	-	_____	-	_____	-	Tennis
Monkey	-	_____	-	_____	-	_____	-	_____	-	_____	-	Tennis
Monkey	-	_____	-	_____	-	_____	-	_____	-	_____	-	Tennis
Monkey	-	_____	-	_____	-	_____	-	_____	-	_____	-	Tennis
Monkey	-	_____	-	_____	-	_____	-	_____	-	_____	-	Tennis
Monkey	-	_____	-	_____	-	_____	-	_____	-	_____	-	Tennis
Monkey	-	_____	-	_____	-	_____	-	_____	-	_____	-	Tennis
Monkey	-	_____	-	_____	-	_____	-	_____	-	_____	-	Tennis
Monkey	-	_____	-	_____	-	_____	-	_____	-	_____	-	Tennis

Viddles

Day 12

Can You Hack It
How to gauge a town's happiness level without asking any person a question

Weird Combinations
Famous Scientists and the names of their band

Backronyms
PAB - Witch Doctors

Six by Six Degrees

Portfolio	-	_____	-	_____	-	_____	-	_____	-	_____	-	Screwdriver
Portfolio	-	_____	-	_____	-	_____	-	_____	-	_____	-	Screwdriver
Portfolio	-	_____	-	_____	-	_____	-	_____	-	_____	-	Screwdriver
Portfolio	-	_____	-	_____	-	_____	-	_____	-	_____	-	Screwdriver
Portfolio	-	_____	-	_____	-	_____	-	_____	-	_____	-	Screwdriver
Portfolio	-	_____	-	_____	-	_____	-	_____	-	_____	-	Screwdriver
Portfolio	-	_____	-	_____	-	_____	-	_____	-	_____	-	Screwdriver
Portfolio	-	_____	-	_____	-	_____	-	_____	-	_____	-	Screwdriver
Portfolio	-	_____	-	_____	-	_____	-	_____	-	_____	-	Screwdriver
Portfolio	-	_____	-	_____	-	_____	-	_____	-	_____	-	Screwdriver
Portfolio	-	_____	-	_____	-	_____	-	_____	-	_____	-	Screwdriver

Viddles

Day 13

Can You Hack It
Uses for milk which has gone off

Weird Combinations
Famous building names with types of pets inserted

Backronyms
MQV - Hurricanes

Six by Six Degrees

Rope - _____ - _____ - _____ - _____ - _____ - **Keyboard**
Rope - _____ - _____ - _____ - _____ - _____ - **Keyboard**
Rope - _____ - _____ - _____ - _____ - _____ - **Keyboard**
Rope - _____ - _____ - _____ - _____ - _____ - **Keyboard**
Rope - _____ - _____ - _____ - _____ - _____ - **Keyboard**
Rope - _____ - _____ - _____ - _____ - _____ - **Keyboard**
Rope - _____ - _____ - _____ - _____ - _____ - **Keyboard**
Rope - _____ - _____ - _____ - _____ - _____ - **Keyboard**
Rope - _____ - _____ - _____ - _____ - _____ - **Keyboard**
Rope - _____ - _____ - _____ - _____ - _____ - **Keyboard**
Rope - _____ - _____ - _____ - _____ - _____ - **Keyboard**

Viddles

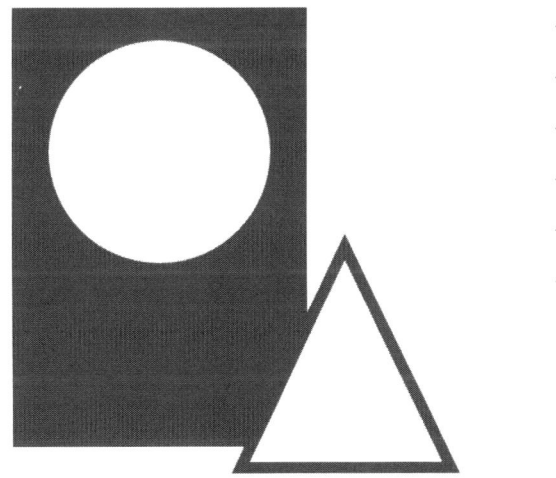

Day 14

Can You Hack It

How to guarantee you always win at "rock - paper - scissors" against your friend

Weird Combinations

American President names with types of meat inserted

Backronyms

JSX - Pot Plants

Six by Six Degrees

Winter	-	-	-	-	-	-	Deodorant
Winter	-	-	-	-	-	-	Deodorant
Winter	-	-	-	-	-	-	Deodorant
Winter	-	-	-	-	-	-	Deodorant
Winter	-	-	-	-	-	-	Deodorant
Winter	-	-	-	-	-	-	Deodorant
Winter	-	-	-	-	-	-	Deodorant
Winter	-	-	-	-	-	-	Deodorant
Winter	-	-	-	-	-	-	Deodorant
Winter	-	-	-	-	-	-	Deodorant
Winter	-	-	-	-	-	-	Deodorant

Viddles

Day 15

Can You Hack It
Times you will need a fake passport

Weird Combinations
Famous Rock songs with European Countries inserted

Backronyms
WEK - Surgery

Six by Six Degrees

Sun Lotion	-	___	-	___	-	___	-	___	-	___	-	Ice Cream
Sun Lotion	-	___	-	___	-	___	-	___	-	___	-	Ice Cream
Sun Lotion	-	___	-	___	-	___	-	___	-	___	-	Ice Cream
Sun Lotion	-	___	-	___	-	___	-	___	-	___	-	Ice Cream
Sun Lotion	-	___	-	___	-	___	-	___	-	___	-	Ice Cream
Sun Lotion	-	___	-	___	-	___	-	___	-	___	-	Ice Cream
Sun Lotion	-	___	-	___	-	___	-	___	-	___	-	Ice Cream
Sun Lotion	-	___	-	___	-	___	-	___	-	___	-	Ice Cream
Sun Lotion	-	___	-	___	-	___	-	___	-	___	-	Ice Cream
Sun Lotion	-	___	-	___	-	___	-	___	-	___	-	Ice Cream
Sun Lotion	-	___	-	___	-	___	-	___	-	___	-	Ice Cream

Viddles

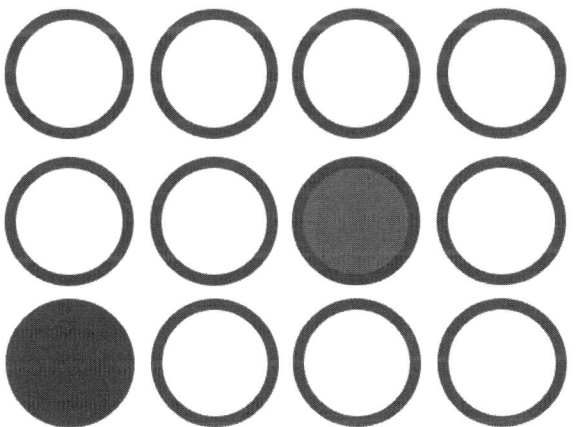

Day 16

Can You Hack It

Action: Create a statue you can make with objects in front of you now in less than 2 minutes

Weird Combinations

Shakespeare's Play titles with Greek and roman god names inserted

Backronyms

UZR - Business Cards

Six by Six Degrees

Vanilla	-	-	-	-	-	- Baseball
Vanilla	-	-	-	-	-	- Baseball
Vanilla	-	-	-	-	-	- Baseball
Vanilla	-	-	-	-	-	- Baseball
Vanilla	-	-	-	-	-	- Baseball
Vanilla	-	-	-	-	-	- Baseball
Vanilla	-	-	-	-	-	- Baseball
Vanilla	-	-	-	-	-	- Baseball
Vanilla	-	-	-	-	-	- Baseball
Vanilla	-	-	-	-	-	- Baseball
Vanilla	-	-	-	-	-	- Baseball

Viddles

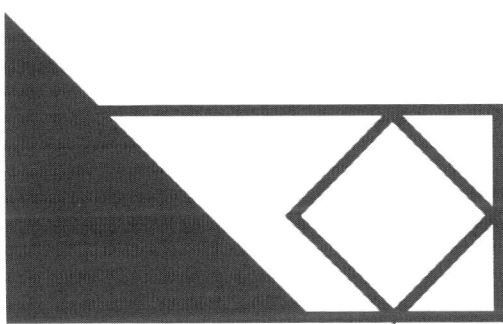

Day 17

Can You Hack It
Define "Jumblejob"

Weird Combinations
1980s TV Show titles with capital cities inserted

Backronyms
LVI - Mountain Climbing

Six by Six Degrees

Math	-	-	-	-	-	Window
Math	-	-	-	-	-	Window
Math	-	-	-	-	-	Window
Math	-	-	-	-	-	Window
Math	-	-	-	-	-	Window
Math	-	-	-	-	-	Window
Math	-	-	-	-	-	Window
Math	-	-	-	-	-	Window
Math	-	-	-	-	-	Window
Math	-	-	-	-	-	Window
Math	-	-	-	-	-	Window

Viddles

Day 18

Can You Hack It
Ways to test saltiness of food without tasting it

Weird Combinations
Puns of People's names that sound like they're an explorer

Backronyms
EBD - Ketchup

Six by Six Degrees

Magnet	-	-	-	-	-	Hologram
Magnet	-	-	-	-	-	Hologram
Magnet	-	-	-	-	-	Hologram
Magnet	-	-	-	-	-	Hologram
Magnet	-	-	-	-	-	Hologram
Magnet	-	-	-	-	-	Hologram
Magnet	-	-	-	-	-	Hologram
Magnet	-	-	-	-	-	Hologram
Magnet	-	-	-	-	-	Hologram
Magnet	-	-	-	-	-	Hologram
Magnet	-	-	-	-	-	Hologram

Viddles

Day 19

Can You Hack It
How to take a photo of yourself 2 meters in the air without camera's self-timer

Weird Combinations
Flirting with someone using a MS Excel Formula name

Backronyms
PTS - Sunset

Six by Six Degrees

Space Shuttle - _____ - _____ - _____ - _____ - _____ - Marathon
Space Shuttle - _____ - _____ - _____ - _____ - _____ - Marathon
Space Shuttle - _____ - _____ - _____ - _____ - _____ - Marathon
Space Shuttle - _____ - _____ - _____ - _____ - _____ - Marathon
Space Shuttle - _____ - _____ - _____ - _____ - _____ - Marathon
Space Shuttle - _____ - _____ - _____ - _____ - _____ - Marathon
Space Shuttle - _____ - _____ - _____ - _____ - _____ - Marathon
Space Shuttle - _____ - _____ - _____ - _____ - _____ - Marathon
Space Shuttle - _____ - _____ - _____ - _____ - _____ - Marathon
Space Shuttle - _____ - _____ - _____ - _____ - _____ - Marathon
Space Shuttle - _____ - _____ - _____ - _____ - _____ - Marathon

Viddles

Day 20

Can You Hack It
Uses for a deflated soccer ball

Weird Combinations
New lyrics for a Eminem song about an Olympic sport

Backronyms
ODA - Jail Time

Six by Six Degrees

Whiskey	-	_____	-	_____	-	_____	-	_____	-	_____	-	Kangaroo
Whiskey	-	_____	-	_____	-	_____	-	_____	-	_____	-	Kangaroo
Whiskey	-	_____	-	_____	-	_____	-	_____	-	_____	-	Kangaroo
Whiskey	-	_____	-	_____	-	_____	-	_____	-	_____	-	Kangaroo
Whiskey	-	_____	-	_____	-	_____	-	_____	-	_____	-	Kangaroo
Whiskey	-	_____	-	_____	-	_____	-	_____	-	_____	-	Kangaroo
Whiskey	-	_____	-	_____	-	_____	-	_____	-	_____	-	Kangaroo
Whiskey	-	_____	-	_____	-	_____	-	_____	-	_____	-	Kangaroo
Whiskey	-	_____	-	_____	-	_____	-	_____	-	_____	-	Kangaroo
Whiskey	-	_____	-	_____	-	_____	-	_____	-	_____	-	Kangaroo
Whiskey	-	_____	-	_____	-	_____	-	_____	-	_____	-	Kangaroo

Viddles

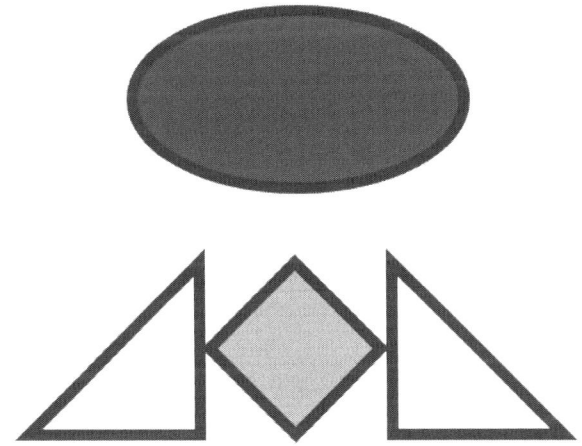

Day 21

Can You Hack It
How to get a broken tractor up a hill

Weird Combinations
Slightly alter the name of a famous brand so it implies "being bored"

Backronyms
OCA - Underage Drinking

Six by Six Degrees

Rifle	-	-	-	-	-	Fudge
Rifle	-	-	-	-	-	Fudge
Rifle	-	-	-	-	-	Fudge
Rifle	-	-	-	-	-	Fudge
Rifle	-	-	-	-	-	Fudge
Rifle	-	-	-	-	-	Fudge
Rifle	-	-	-	-	-	Fudge
Rifle	-	-	-	-	-	Fudge
Rifle	-	-	-	-	-	Fudge
Rifle	-	-	-	-	-	Fudge
Rifle	-	-	-	-	-	Fudge

Viddles

Day 22

Can You Hack It
How to send someone an email with your screen broken

Weird Combinations
Names of food based on historical military leaders

Backronyms
YRU - Carpentry

Six by Six Degrees

Peanut	-	-	-	-	-	-	Butter
Peanut	-	-	-	-	-	-	Butter
Peanut	-	-	-	-	-	-	Butter
Peanut	-	-	-	-	-	-	Butter
Peanut	-	-	-	-	-	-	Butter
Peanut	-	-	-	-	-	-	Butter
Peanut	-	-	-	-	-	-	Butter
Peanut	-	-	-	-	-	-	Butter
Peanut	-	-	-	-	-	-	Butter
Peanut	-	-	-	-	-	-	Butter
Peanut	-	-	-	-	-	-	Butter

Viddles

Day 23

Can You Hack It
How to attach ropes to the sky

Weird Combinations
Types of flowers mixed with celebrities

Backronyms
KAS - The Large Hadron Collider

Six by Six Degrees

Dickens	-	-	-	-	-	Rap
Dickens	-	-	-	-	-	Rap
Dickens	-	-	-	-	-	Rap
Dickens	-	-	-	-	-	Rap
Dickens	-	-	-	-	-	Rap
Dickens	-	-	-	-	-	Rap
Dickens	-	-	-	-	-	Rap
Dickens	-	-	-	-	-	Rap
Dickens	-	-	-	-	-	Rap
Dickens	-	-	-	-	-	Rap
Dickens	-	-	-	-	-	Rap

Viddles

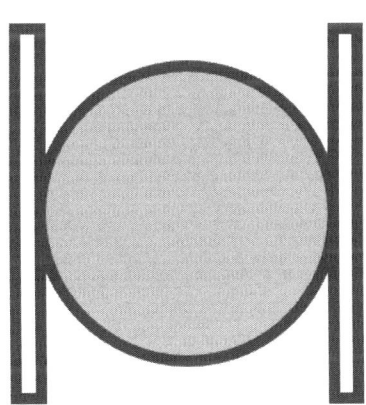

Day 24

Can You Hack It
Uses for a broken sailboat

Weird Combinations
Alcohol Brand names mixed with TV show titles

Backronyms
TEM - Dictionaries

Six by Six Degrees

Chicken	-	-	-	-	-	-	Gold
Chicken	-	-	-	-	-	-	Gold
Chicken	-	-	-	-	-	-	Gold
Chicken	-	-	-	-	-	-	Gold
Chicken	-	-	-	-	-	-	Gold
Chicken	-	-	-	-	-	-	Gold
Chicken	-	-	-	-	-	-	Gold
Chicken	-	-	-	-	-	-	Gold
Chicken	-	-	-	-	-	-	Gold
Chicken	-	-	-	-	-	-	Gold
Chicken	-	-	-	-	-	-	Gold

Viddles

Day 25

Can You Hack It
Things you can use to store coins so you know how many you have

Weird Combinations
Puns of People's names that sound like they're a teacher

Backronyms
OFU - Candles

Six by Six Degrees

Microphone - _____ - _____ - _____ - _____ - _____ - **Star**
_____ - _____ - _____ - _____ - _____ - _____ - _____
_____ - _____ - _____ - _____ - _____ - _____ - _____
_____ - _____ - _____ - _____ - _____ - _____ - _____
_____ - _____ - _____ - _____ - _____ - _____ - _____
_____ - _____ - _____ - _____ - _____ - _____ - _____
_____ - _____ - _____ - _____ - _____ - _____ - _____
_____ - _____ - _____ - _____ - _____ - _____ - _____
_____ - _____ - _____ - _____ - _____ - _____ - _____
_____ - _____ - _____ - _____ - _____ - _____ - _____
_____ - _____ - _____ - _____ - _____ - _____ - _____
_____ - _____ - _____ - _____ - _____ - _____ - _____
_____ - _____ - _____ - _____ - _____ - _____ - _____

Viddles

Day 26

Can You Hack It
How to send someone across the world a song without using a microphone

Weird Combinations
Names of snacks but changed to appeal to insects

Backronyms
LUD - Electric Car

Six by Six Degrees

Hair - _____ - _____ - _____ - _____ - _____ - **Stamp**
Hair - _____ - _____ - _____ - _____ - _____ - **Stamp**
Hair - _____ - _____ - _____ - _____ - _____ - **Stamp**
Hair - _____ - _____ - _____ - _____ - _____ - **Stamp**
Hair - _____ - _____ - _____ - _____ - _____ - **Stamp**
Hair - _____ - _____ - _____ - _____ - _____ - **Stamp**
Hair - _____ - _____ - _____ - _____ - _____ - **Stamp**
Hair - _____ - _____ - _____ - _____ - _____ - **Stamp**
Hair - _____ - _____ - _____ - _____ - _____ - **Stamp**
Hair - _____ - _____ - _____ - _____ - _____ - **Stamp**
Hair - _____ - _____ - _____ - _____ - _____ - **Stamp**

Viddles

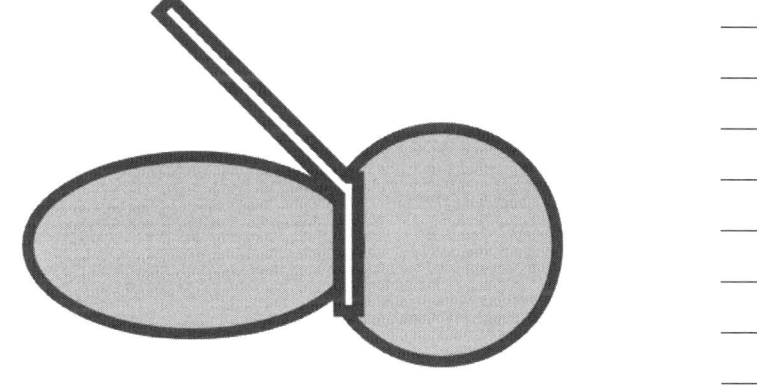

Day 27

Can You Hack It
Uses for scratched CDs and DVDs

Weird Combinations
Slogans of car manufacturers applied to celebrities

Backronyms
INC - Rainforest

Six by Six Degrees

Lightbulb	-	_____	-	_____	-	_____	-	_____	-	_____	-	Jungle
Lightbulb	-	_____	-	_____	-	_____	-	_____	-	_____	-	Jungle
Lightbulb	-	_____	-	_____	-	_____	-	_____	-	_____	-	Jungle
Lightbulb	-	_____	-	_____	-	_____	-	_____	-	_____	-	Jungle
Lightbulb	-	_____	-	_____	-	_____	-	_____	-	_____	-	Jungle
Lightbulb	-	_____	-	_____	-	_____	-	_____	-	_____	-	Jungle
Lightbulb	-	_____	-	_____	-	_____	-	_____	-	_____	-	Jungle
Lightbulb	-	_____	-	_____	-	_____	-	_____	-	_____	-	Jungle
Lightbulb	-	_____	-	_____	-	_____	-	_____	-	_____	-	Jungle
Lightbulb	-	_____	-	_____	-	_____	-	_____	-	_____	-	Jungle
Lightbulb	-	_____	-	_____	-	_____	-	_____	-	_____	-	Jungle

Viddles

Day 28

Can You Hack It
Things required for a treehouse which can withstand wizard attacks

Weird Combinations
Adjusted lyrics for a Beatles song about cats

Backronyms
RUH - Space Monkeys

Six by Six Degrees

Handle	-	-	-	-	-	- **Care**
Handle	-	-	-	-	-	- **Care**
Handle	-	-	-	-	-	- **Care**
Handle	-	-	-	-	-	- **Care**
Handle	-	-	-	-	-	- **Care**
Handle	-	-	-	-	-	- **Care**
Handle	-	-	-	-	-	- **Care**
Handle	-	-	-	-	-	- **Care**
Handle	-	-	-	-	-	- **Care**
Handle	-	-	-	-	-	- **Care**
Handle	-	-	-	-	-	- **Care**

Viddles

Day 29

Can You Hack It
Ways to turn things you cannot hammer into things you can hammer

Weird Combinations
Names of celebrities mixed with types of animals

Backronyms
FRY - Dolphin

Six by Six Degrees

Seed	-	-	-	-	-	-	Juice
Seed	-	-	-	-	-	-	Juice
Seed	-	-	-	-	-	-	Juice
Seed	-	-	-	-	-	-	Juice
Seed	-	-	-	-	-	-	Juice
Seed	-	-	-	-	-	-	Juice
Seed	-	-	-	-	-	-	Juice
Seed	-	-	-	-	-	-	Juice
Seed	-	-	-	-	-	-	Juice
Seed	-	-	-	-	-	-	Juice
Seed	-	-	-	-	-	-	Juice

Viddles

Day 30

Can You Hack It
Things you can do with 1 million bumblebees

Weird Combinations
Slightly alter the name of a famous brand so it implies "having fun"

Backronyms
IDA - Music Concert

Six by Six Degrees

Marmoset	-	-	-	-	-	-	Basketball
Marmoset	-	-	-	-	-	-	Basketball
Marmoset	-	-	-	-	-	-	Basketball
Marmoset	-	-	-	-	-	-	Basketball
Marmoset	-	-	-	-	-	-	Basketball
Marmoset	-	-	-	-	-	-	Basketball
Marmoset	-	-	-	-	-	-	Basketball
Marmoset	-	-	-	-	-	-	Basketball
Marmoset	-	-	-	-	-	-	Basketball
Marmoset	-	-	-	-	-	-	Basketball
Marmoset	-	-	-	-	-	-	Basketball

Viddles

Day 31

Can You Hack It
How does Superman shave his indestructible beard?

Weird Combinations
Things you buy in a hardware supply shop as part of film titles

Backronyms
SFD - Rap Music

Six by Six Degrees

Olive	-	-	-	-	-	-	Garden
Olive	-	-	-	-	-	-	Garden
Olive	-	-	-	-	-	-	Garden
Olive	-	-	-	-	-	-	Garden
Olive	-	-	-	-	-	-	Garden
Olive	-	-	-	-	-	-	Garden
Olive	-	-	-	-	-	-	Garden
Olive	-	-	-	-	-	-	Garden
Olive	-	-	-	-	-	-	Garden
Olive	-	-	-	-	-	-	Garden
Olive	-	-	-	-	-	-	Garden

Viddles

Printed in Great Britain
by Amazon.co.uk, Ltd.,
Marston Gate.